CONCORDANCE

DE LA LOI DU 25 JUIN 1824

AVEC LES CODES;

ET

CONCORDANCE

DES LOIS SUR LA PRESSE,

PUBLIÉE EN 1822.

CONCORDANCE

DE LA LOI DU 25 JUIN 1824

AVEC

LE CODE D'INSTRUCTION CRIMINELLE

ET LE CODE PÉNAL;

SUIVIE

DU TEXTE AUTHENTIQUE DE LA LOI DU 25 JUIN 1824,
ET DES ARTICLES DES CODES MODIFIÉS PAR CETTE LOI.

Par F. E. G. de Berny,

CONSEILLER DE SA MAJESTÉ DANS SA COUR ROYALE DE PARIS,
CHEVALIER DE L'ORDRE ROYAL DE LA LÉGION D'HONNEUR.

A PARIS,

CHEZ B. WARÉE, FILS AINÉ, LIBRAIRE,
PALAIS DE JUSTICE.

1824.

AVANT-PROPOS.

Occupé depuis long-temps d'un travail sur la concordance générale de toutes celles de nos lois pénales qui sont encore en vigueur, travail qui ne sera complet que lorsque les modifications qui nous sont annoncées auront été effectuées, et que je ne pourrai par conséquent publier que dans quelques années ; je ne livrerais pas aujourd'hui à l'impression une espèce d'extrait de ce travail, si je n'y avais été engagé par un assez grand nombre de mes confrères. Ils ont pensé que j'avais pour m'y déterminer la même raison que celle qui, en 1822, m'a porté à donner au public la concordance des lois sur la presse ; c'est-à-dire, le désir d'éviter à plus d'un Magistrat des recherches et des pertes de temps.

Au lieu de donner, comme dans mon premier travail, une seule série de numéros aux deux parties qui le composent, j'ai placé la concordance sous une série de numéros impairs, et le texte authentique sous une série de numéros pairs. Les recours d'une partie à l'autre en deviendront par-là plus faciles et plus prompts, lors même que par oubli quelques numéros ne seraient pas précédés du titre abréviatif de la partie à laquelle ils appartiennent.

Les personnes auxquelles une conception prompte et une mémoire heureuse rendent les rapprochemens faciles, seront tentées, au premier abord, de me reprocher beaucoup de redites ; elles me les pardonneront en faisant attention qu'à l'audience, le Magistrat le plus instruit, qui s'occupe de l'application immédiate d'articles de lois qui se lient les uns aux autres, regrette souvent de n'avoir pas sur-le-champ sous les yeux le résumé succinct, mais complet, des diverses dispositions de ces articles.

Je n'ai pas joint d'observations au texte authentique, elles auraient paru prématurées ; je me hasarderai cependant à faire part ici au lecteur de quelques idées qui, parce qu'elles sont partagées par un grand nombre de mes confrères, pourront peut-être attirer l'attention des hommes d'état qui seront appelés à modifier nos codes.

1° On aurait désiré que la nouvelle loi eût donné plus d'étendue au pouvoir discrétionnaire des Magistrats : par-là les vœux des dignes rapporteurs des commissions dans les deux Chambres et ceux de tous les gens de bien auraient été plus promptement et plus grandement exaucés ; on eût peut-être aussi obtenu grâce de la part de quelques personnes pour un code que, comme elles, je n'appellerai pas *atroce*, mais que j'avouerai être souvent trop sévère, parce que trop souvent le législateur n'a envisagé que la gravité des crimes qu'il voulait réprimer, et qu'il n'a pas assez souvent songé aux circonstances qui peuvent diminuer la culpabilité; parce qu'en un mot il a plus redouté le pouvoir discrétionnaire des Magistrats que la tyrannie de la loi.

En lisant isolément les articles 2, 3, 7, 8 et 9 de la loi, on croit, au premier abord, qu'ils permettent un grand nombre d'atténuations; on est bientôt détrompé en lisant l'article 10, et l'on regrette qu'il vienne s'opposer à une foule de réductions de peines que la justice et la morale réclameraient; citons un exemple entre mille.

Un jeune homme, par les conseils d'un frère corrompu, commet un vol à l'aide d'effraction, sans que ce frère y prenne activement part; la Cour reconnaît qu'il existe dans sa conduite des circonstances atténuantes, et réduit la peine des travaux forcés à temps à celle de l'emprisonnement aux termes de l'article 8 de la nouvelle loi.

Le frère corrompu prend une part active au vol avec son jeune frère : la Cour reconnaît qu'il n'existe de circonstances atténuantes qu'à l'égard de ce dernier; elle voudrait condamner le frère aîné aux travaux forcés et le plus jeune à l'emprisonnement, ce qui pourrait être d'un exemple utile; l'article 10 s'y oppose, par cela seul que le crime a été commis par deux personnes : il faut que l'un et l'autre soient condamnés aux travaux forcés.

2° Il eût peut-être été à désirer que l'article 7 eût donné la faculté de réduire la peine de mort à celle des travaux forcés à perpétuité, pour les coupables de vols dans les chemins publics, lorsque, se trouvant dans l'état de récidive prévu par l'article 56 du Code pénal, il existe cependant des circonstances atténuantes en leur faveur; dans ce cas, il paraîtra souvent terrible d'appliquer la peine de mort à des individus qui, sans leurs premières fautes, pourraient n'être condamnés qu'à la réclusion.

3° Il eût peut-être été moral et utile d'étendre les dispositions de l'art. 9 au 3e paragraphe de l'art. 386 du Code pénal, et en donnant aux Magistrats, dans les art. 8 et 9, la faculté de convertir les peines criminelles en peines correctionnelles, de leur laisser le pouvoir de prononcer l'emprisonnement dans le premier cas, pour cinq ans au moins, et vingt ans au plus, et dans le second, pour cinq ans au moins et dix ans au plus.

L'expérience a fait reconnaître que, parmi les coupables des crimes prévus par les art. 384 et 386, paragraphe 3 du Code pénal, il se rencontre souvent de très-jeunes gens appartenant à des familles honnêtes, tels que des caissiers, des commis, des secrétaires, etc., etc., qui, à raison du travail habituel auquel ils se livrent, peuvent être atteints par les dispositions du paragraphe 3 de l'art. 386. Sans doute, ayant reçu de l'éducation, ils en sont d'autant plus coupables, et il faut qu'ils soient punis et surtout retranchés de la société pendant plus ou moins de temps ; mais en leur infligeant des peines afflictives ou infamantes, on flétrit leur âme, et ils peuveut être perdus à jamais et pour eux et pour leurs concitoyens ; en les condamnant à un emprisonnement plus ou moins long eu égard à leur âge, à leur caractère, à leur conduite antérieure, on leur donne le temps de calmer la fougue de leurs passions, et on les met à même de parvenir, en reparaissant dans la société, à lui faire oublier les fautes dont ils s'étaient rendus coupables envers elle.

4° Beaucoup de personnes auraient souhaité que la nouvelle loi eût été rédigée dans une forme qu'elles voudraient voir adopter toutes les fois qu'il s'agit de modifier des Codes et des lois en vigueur, et ainsi que je vais essayer de le faire pour l'art. 351 du Code d'instruction criminelle, modifié par l'article unique de la loi du 24 mai 1821(1), et comme je l'ai fait au n° 1 de mon travail pour l'art. 179 du même Code, modifié par l'art. 1er de la nouvelle loi. A mon avis, la loi du 24 mai 1821 aurait pu être rédigée de la manière suivante :

ARTICLE UNIQUE.

L'art. 351 du Code d'instruction criminelle est modifié comme il suit :

____

(1) Voyez le n° 90 du texte authentique.

ART. 351.

Si néanmoins l'accusé n'est déclaré coupable du fait principal qu'à une simple majorité, la Cour délibérera sur le même point, et rendra un arrêt par lequel,

Si l'avis de la majorité du Jury est adopté par la majorité des juges, l'accusé sera définitivement déclaré coupable;

Si l'avis de la minorité du Jury est adopté par la majorité des juges, l'accusé sera déclaré non coupable.

Il est aisé de s'apercevoir qu'on procéderait ainsi plus analytiquement, et que les Magistrats ne seraient pas obligés de retrancher constamment ce que l'article modifié a perdu de ses dispositions, et ce qu'il en acquiert de nouvelles par la loi qui l'a modifié.

En appliquant ce raisonnement à la nouvelle loi, on voit qu'elle aurait pu être rédigée de la manière suivante :

L'art. 179 du Code d'instruction criminelle et les art. 386, 388 et 463 du Code pénal sont modifiés comme il suit, etc.

On eût donné à l'art. 463 autant de paragraphes que de chefs d'atténuation qu'on eût voulu en adopter. A l'occasion de cet article, je rappellerai que beaucoup de personnes désireraient qu'on en étendît les dispositions à tous les cas de police correctionnelle qu'on ne jugerait pas à propos d'en excepter par une disposition spéciale, et qu'on en retranchât celles qui ne permettent pas de réduire les peines lorsque *le préjudice causé n'excède pas vingt-cinq francs*. Les raisons qui leur font désirer cette modification sont généralement trop senties pour avoir besoin d'être développées.

Puissent nos lecteurs, quels qu'ils soient, accueillir favorablement des réflexions qui m'ont été dictées par un vif désir de voir notre législation criminelle recevoir promptement les améliorations dont elle est susceptible! Le gouvernement vient de faire le premier pas; puissent tous les gens de bien lui apporter le tribut de leurs méditations! Trop heureux si, parmi les observations qu'ils hasarderont, ils en offrent une seule qui puisse être de quelque utilité.

CONCORDANCE

DE LA LOI DU 25 JUIN 1824

AVEC LES CODES.

PARIS. — DE L'IMPRIMERIE DE RIGNOUX,
rue des Francs-Bourgeois-S.-Michel, n° 8.

CONCORDANCE

DE LA LOI DU 25 JUIN 1824,

AVEC

LE CODE D'INSTRUCTION CRIMINELLE

ET LE CODE PÉNAL.

CONCORDANCE.	RENVOI soit au texte authentique, soit à la concordance même.	
Les tribunaux de première instance en matière civile connaîtront en outre sous le titre de tribunaux de police correctionnelle, mais à charge d'appels devant les Cours et les Tribunaux d'appels compétens :	Code d'instruction criminelle, art. 179, T. 4; 199, T. 6; 200, T. 8; 201, T. 10; 202, T. 12.	1. Crimes dont la la connaissauce est attribuée à la police correctionnelle.
1° De tous les délits forestiers poursuivis à la requête de l'administration;		
2° De tous les délits dont la peine excède cinq jours d'emprisonnement et quinze francs d'amende;		
3° Des crimes autres que ceux auxquels la loi attache la peine de mort, celle des travaux forcés à perpétuité, ou celle de la déportation, lorsque ces crimes seront imputés à des individus compris dans les dispositions des articles 66, 67 et 68 du Code pénal, et que ces individus n'auront pas de complices âgés de plus de seize ans.	Loi du 25 juin 1824, art. 1, T. 94; Code pénal, art. 66, T. 20; 67, T. 22; 68, T. 24.	3. Acquittement des coupables âgés de moins de seize ans qui ont agi sans discernement.
Les juges, en acquittant les coupables des crimes mentionnés au § 3 du n° 1, qu'ils auront reconnus, et déclarés avoir agi sans discernement, pourront, selon les circonstances,	Code pénal, art. 66, T. 20.	

CONCORDANCE.	RENVOI soit au texte authentique, soit à la concordance même.
Ou les remettre à leurs parens, Ou ordonner qu'ils seront conduits dans une maison de correction pour y être élevés pendant un nombre d'années, qui ne pourra dépasser l'époque à laquelle ils auront accompli leur vingtième année.	

5. Conversion des peines afflictives et infamantes en peines correctionnelles , en faveur des coupables âgés de moins de 16 ans, qui ont agi avec discernement.

CONCORDANCE	RENVOI
Si les juges reconnaissent et déclarent que les coupables âgés de moins de seize ans ont agi avec discernement, les peines afflictives et infamantes applicables aux crimes mentionnés au n° 1 seront converties , savoir :	
1° La peine des travaux forcés à temps en celles d'emprisonnement indispensable pendant vingt mois au moins, et dix ans au plus , et de mise facultative sous la surveillance spéciale de la haute police de l'état pendant cinq ans au moins et dix ans au plus.	Code pénal. art. 67 , T. 22.
2° La peine de la réclusion en celle d'emprisonnement indispensable pendant vingt mois au moins et cinq ans au plus, et de mise facultative sous la surveillance spéciale de la haute police de l'état pendant cinq ans au moins et dix ans au plus.	*Idem.*
3° Les peines du carcan et du bannissement en un emprisonnement indispensable pendant un an au moins et cinq ans au plus.	*Idem.*
Sans préjudice, pour chaque cas particulier, des condamnations accessoires et des aggravations qui ne seraient ni afflictives, ni infamantes, et sans que l'article 463 du Code pénal puisse jamais être appliqué.	Loi du 25 juin 1824, art. 11, T. 114.

7.   Infanticides

Les auteurs ou complices d'un infanticide,	Code pénal, art.

CONCORDANCE.	RENVOI soit au texte authentique, soit à la concordance même.	
autres que la mère de l'enfant , seront indispensablement punis de la peine de mort.	295, T. 26; 3oo, T. 28; 3o2 , T. 3o. Loi du 25 juin 1824 , art. 5 , T. 102.	soumis aux cours d'assises , et non susceptibles de réduction de peine.
Si la Cour d'assises reconnaît et déclare expressément qu'il existe des circonstances atténuantes, la peine de mort pourra être réduite à celle des travaux forcés à perpétuité , à l'égard de la mère, auteur ou complice de l'infanticide, lors même qu'elle se trouverait en état de vagabondage ou de mendicité, ou qu'antérieurement elle aurait été condamnée, Soit à des peines afflictives ou infamantes, Soit à un emprisonnement de plus de six mois.	Code pénal , art. 295 , T. 26; 3oo, T. 28 ; 3o2 , T. 3o. Loi du 25 juin 1824, art. 4 , T. 100; 5 , T 102; 12, T. 116.	9. Infanticides soumis aux cours d'assises , et susceptibles de réduction de peine.
Seront indispensablement punis de la peine de la réclusion les blessures et les coups volontaires, desquels il sera résulté une maladie ou une incapacité de travail personnel pendant plus de vingt jours, lorsque ces crimes n'auront eu lieu ni avec préméditation ni de guet-apens, ni envers des pères et mères légitimes, naturels ou adoptifs, ou autres ascendans légitimes ; mais lorsqu'ils auront été commis ou par des vagabonds ou par des mendians, ou par des individus antérieurement condamnés, soit à des peines afflictives ou infamantes, soit à un emprisonnement de plus de six mois.	Code pénal, art. 3o9, T. 32. *Idem*, 31o, T. 34. *Idem* , 312, T.38, Loi du 25 juin 1824, art. 12 , T. 116. Code pénal, art. 56, T. 18. Loi du 25 juin 1824 , art. 12 , T. 116.	11. Blessures et coups volontaires soumis aux cours d'assises, et non susceptibles de réduction de peines.
La peine de la réclusion pourra être réduite à celles D'un emprisonnement indispensable de trois à cinq ans, auquel il sera facultatif à la	Loi du 25 juin 1824 , art. 6, T. 104. Code pénal, art. 4o1, T. 84.	13. Coups et blessures volontaires soumis aux cours d'assises , et susceptibles de réduction de peine.

CONCORDANCE.	RENVOI soit au texte authentique, soit à la concordance même.
Cour d'ajouter cumulativement ou séparément une amende de seize à cinq cents francs;	
L'interdiction de cinq à dix ans des droits mentionnés en l'art. 42 du Code pénal,	*Idem*, 42, T. 16.
Et la mise de cinq à dix ans sous la surveillance spéciale de la haute police de l'état,	
Sans que l'art. 463 du Code pénal puisse jamais être appliqué.	Loi du 25 juin 1824, art. 11, T. 114.
S'il n'y a contre le coupable aucune des circonstances aggravantes énoncées au n° 11 ci-dessus, et si la Cour reconnaît et déclare expressément qu'il existe en sa faveur des circonstances atténuantes.	Loi du 25 juin 1824, art. 10, T. 112; 12, T. 116. *Idem*, 4, T. 100.

15. Vols dans les chemins publics, soumis aux cours d'assises, et non susceptibles de réduction de peine.

CONCORDANCE.	RENVOI
Seront indispensablement punis de la peine des travaux forcés à perpétuité les vols et les tentatives de vols dans les chemins publics, C. 139; lorsque, indépendamment de cette circonstance, ils auront été commis,	Code pénal, art. 383, T. 48.
Soit à l'aide de violence, C. 77,	
Soit avec armes apparentes ou cachées, C. 79,	Loi du 25 juin 1824, art. 10, T. 112.
Soit avec menace de faire usage des armes, C. 81,	
Soit avec une seule des autres circonstances aggravantes énoncées aux n°s 59, 73, 75, 83, 85, 249, 251, 253, 255, 257, 265, 279, 285, 289, 305, 317, 323, 325, 329, 333, 335, 337 du relevé général, n° 43;	
Ou, lorsqu'ayant eu lieu sans aucune des circonstances ci-dessus, ils auront été commis,	
Soit par un individu antérieurement condamné à des peines afflictives ou infamantes, C. 293;	Code pénal, art. 56, T. 18. Loi du 25 juin 1824, art 12, T. 116.

CONCORDANCE.	RENVOI soit au texte authentique, soit à la concordance même.	
Soit par un individu antérieurement condamné à un emprisonnement de plus de six mois , C. 295 ; Soit par un mendiant, C. 297 ; Soit par un vagabond, C. 321.		
———		
La peine des travaux forcés à perpétuité pourra être réduite , soit à celle des travaux forcés à temps, soit à celle de la réclusion ; Si les vols et les tentatives de vols dans les chemins publics ont été commis pendant le jour, C. 331, par un seul individu, C. 327, et sans aucune des circonstances aggravantes énoncées au n° 15 ci-dessus, Et si la Cour reconnaît et déclare expressément qu'il existe en faveur du coupable des ciconstances atténuantes.	Code pénal, art. 383 , T. 48. Loi du 25 juin 1824, art. 10, T. 112; 12, T. 116. Loi du 25 juin 1824 , art. 4, T. 100; 7, T. 106.	17. Vols dans les chemins publics, soumis aux cours d'assises, et susceptibles de réduction de peine.
———		
Seront indispensablement punis de la peine des travaux forcés à temps les vols et les tentatives de vols commis, 1° A l'aide d'effraction extérieure ou intérieure dans des lieux habités ou inhabités ; 2° A l'aide d'escalade dans des lieux habités ou inhabités ; Lorsque, indépendamment de l'une ou de l'autre de ces deux circonstances, ils auront eu lieu, Soit pendant la nuit, C. 329 ; Soit par plusieurs, C. 325 ; Soit avec une seule des circonstances aggravantes énoncées aux n°s 55 , 57, 59, 61, 65, 67, 73, 75, 79, 81, 83, 85, 95, 101, 111, 171, 217, 225, 239, 241, 243, 245,	Code pénal , art. 384 , T. 50. Loi du 25 juin 1824, art.10, T. 112. *Idem.*	19. Vols à l'aide d'effraction ou d'escalade soumis aux cours d'assises, et non susceptibles de réduction de peine.

CONCORDANCE.	RENVOI soit au texte authentique, soit à la concordance même.
249, 251, 253, 255, 257, 259, 261, 263, 265, 267, 269, 271, 273, 275, 277, 279, 281, 283, 285, 287, 289, 291, 299, 301, 303, 305, 309, 311, 313, 315, 317, 319, 323, 325, 329, 333, 335, 337; Ou lorsque, ayant eu lieu sans aucune des circonstances ci-dessus, ils auront été commis, Soit par un individu antérieurement condamné à des peines afflictives ou infamantes, C. 293; Soit par un individu antérieurement condamné à un emprisonnement de plus de six mois, C. 295; Soit par un mendiant, C. 297; Soit par un vagabond, C. 321.	Code pénal, art. 56 T. 18. Loi du 25 juin 1824, art 12, T. 116.
21. Vols à l'aide d'effraction ou d'escalade, soumis aux cours d'assises, et susceptibles de réduction de peine. La peine des travaux forcés à temps pourra être réduite, Soit à celle de la réclusion, Soit à celle de cinq ans d'emprisonnement, de cinq cents francs d'amende, de dix ans d'interdiction des droits mentionnés en l'art. 42 du Code pénal, et de dix ans de mise sous la surveillance spéciale de la haute police de l'état, sans que l'art. 463 du Code pénal puisse jamais être appliqué; Si les vols et les tentatives de vols à l'aide d'effraction ou d'escalade, mentionnés au n° 19 ci-dessus, ont été commis pendant le jour, C. 331, par un seul individu, C. 327, ou sans aucune des circonstances aggravantes énoncées au même numéro; Et si la Cour reconnaît et déclare expres-	Code pénal, art. 384, T. 50. *Idem*, 401, T. 84. Loi du 25 juin 1824, art. 11, T. 114. Loi du 25 juin 1824, art. 10, T. 112; 12, T. 116. Loi du 25 juin

CONCORDANCE.	RENVOI soit au texte authentique, soit à la concordance même.	
sément qu'il existe en faveur du coupable des circonstances atténuantes.	1824, art. 4, T. 100; 8, T. 108.	
Seront indispensablement punis de la peine de la réclusion les vols et les tentatives de vols commis, 1° Pendant la nuit, C. 329, et par plusieurs, C. 325; 2° Pendant la nuit et dans un lieu habité ou servant à l'habitation, C. 181; 3° Par plusieurs et dans un lieu habité ou servant à l'habitation;	Code pénal, art. 386; P. 1, T. 54.	23. Vols de nuit, par plusieurs, dans des lieux habités, soumis aux cours d'assises, et non susceptibles de réduction de peine.
Lorsque indépendamment de l'une des deux circonstances que présente chacun des trois cas ci-dessus, ces vols auront eu lieu avec une des circonstances aggravantes énoncées aux n°s 53, 73, 75, 81, 95, 179, 181, 249, 251, 253, 325, 329, 333, 335, 337; Ou lorsque, ayant eu lieu sans aucune des circonstances ci-dessus, ils auront été commis, Soit par un individu antérieurement condamné à des peines afflictives ou infamantes, C. 293;	Loi du 25 juin 1824, art. 10, T. 112. *Idem.*	
Soit par un individu antérieurement condamné à un emprisonnement de plus de six mois, C. 295; Soit par un mendiant, C. 297; Soit par un vagabond, C. 321.	Code pénal, art. 56, T. 18. Loi du 25 juin 1824, art. 12, T. 116.	
La peine de la réclusion pourra être réduite à celle de cinq ans d'emprisonnement, de cinq cents francs d'amende, de dix ans d'interdiction des droits mentionnés en l'art. 42 du Code pénal, et de dix ans de mise sous la sur-	Code pénal, art. 386, T. 54. *Id.*, 401, T. 84.	25. Vols commis la nuit, par plusieurs, dans des lieux habités soumis aux cours d'assises, et susceptibles

	CONCORDANCE.	RENVOI soit au texte authentique, soit à la concordance même.
de réduction de peine.	veillance spéciale de la haute police de l'état, sans que l'article 463 du Code pénal puisse jamais être appliqué;	Loi du 25 Juin 1824, art. 11, T. 114.
	Si les vols et les tentatives de vols mentionnés au n° 23 ci-dessus ont été commis pendant le jour, C. 331; par un seul individu, C. 327, ou sans aucune des circonstances aggravantes énoncées au même numéro ;	Loi du 25 juin 1824, art. 10, T. 112; 12, T. 116.
	Et si la Cour reconnaît et déclare expressément qu'il existe en faveur du coupable des circonstances atténuantes.	Loi du 25 juin 1824, art. 4, T. 100; 9, T. 110.
27. Vols commis avec armes apparentes ou cachées, soumis aux cours d'assises, et non susceptibles de réduction de peine.	Seront indispensablement punis de la peine de la réclusion les vols et les tentatives de vols commis, Pendant le jour, C. 331, par une ou plusieurs personnes, C. 327, 325, dans des lieux habités ou inhabités, C. 181, mais avec des armes apparentes ou cachées, C. 79.	Code pénal, art. 386, P. 2, T. 54.
29. Vols domestiques soumis aux cours d'assises, et non susceptibles de réduction de peine.	Seront indispensablement punis de la peine de la réclusion les vols et les tentatives de vols commis, 1° Par des domestiques envers leur maître, C. 285; dans les maisons de leur maître, C. 281; dans les maisons où ils accompagnent leur maître, C. 283; 2° Par des hommes de service à gages envers celui qu'ils servent, C. 289; dans les maisons où ils servent, C. 287; 3° Par des ouvriers envers leur maître, C. 305; dans les ateliers, les magasins, les maisons de leur maître, C. 299, 303, 301; 4° Par de scompagnons envers leur maître,	Code pénal, art. 386, P. 3, T. 54.

CONCORDANCE.	RENVOI soit au texte authentique, soit à la concordance même.	
C. 279; dans des ateliers, des magasins, des maisons de leur maître, C. 273, 277, 275; 5° Par des apprentis envers leur maître, C. 265; dans des ateliers, dans des magasins de leur maître, C. 259, 263, 261; 6° Dans des maisons où l'on travaille habituellement, C. 199.		
Seront indispensablement punis de la peine de la réclusion les vols et les tentatives de vols commis, 1° Par des aubergistes dans leur auberge, C. 267 (1); par des cafetiers dans leur café, C. 271; par des hôteliers dans leur hôtellerie, C. 291; par des restaurateurs dans leur restaurant, C. 319; et par leurs préposés, C. 307, 311, 313, 315; 2° Par des bateliers, C. 269; par des voituriers C. 323; et par leurs préposés, C. 309, 317. Lorsqu'ils auront volé tout ou partie des choses qui leur étaient confiées à ce titre.	Code pénal, art. 386, P. 4, T. 54.	31. Vols par des aubergistes, hôteliers, bateliers, voituriers et leurs préposés, soumis aux cours d'assises, et non susceptibles de réduction de peine.
Seront indispensablement punis de la peine de la réclusion les vols et les tentatives de vols, Dans des auberges, C. 95; des bateaux, C. 101; des cafés, C. 111; des hôtelleries, C. 171; des restaurans, C. 217; et des voitures, C. 225, où l'on est reçu, Lorsqu'ils auront été commis, soit pendant la nuit, C. 329; soit par plusieurs, C. 325; soit avec une des circonstances aggravantes	Code pénal, art. 386. P. 4, T. 54. Loi du 25 juin 1824, art. 10, T. 112.	33. Vols dans des auberges et hôtelleries, soumis aux cours d'assises, et non susceptibles de réduction de peine.

(1) C. 267. Il a paru superflu d'indiquer ici tous les autres états, tels que ceux de cabaretier, de limonadier, etc., que la loi assimile aux états indiqués au n° 31 : cette observation est commune au n° 33.

	CONCORDANCE.	RENVOI soit au texte authentique, soit à la concordance même.
	énoncées aux nᵒˢ 73, 75, 81, 249, 251, 253, 333, 335, 337,	
	Ou, lorsqu'ayant eu lieu sans aucune des circonstances ci-dessus, ils auront été commis,	
	Soit par un individu antérieurement condamné à des peines afflictives ou infamantes, C. 293 ;	Code pénal, art. 56, T. 18. Loi du 25 juin 1824, art. 12, T. 116.
	Soit par un individu antérieurement condamné à un emprisonnement de plus de six mois, C. 295 ;	
	Soit par un mendiant, C. 297 ;	
	Soit par un vagabond, C. 327.	
35. Vols dans les auberges et les hôtelleries, soumis aux tribunaux correctionnels, et non susceptibles de réduction de peine.	Seront jugés par les Tribunaux de police correctionnelle et punis d'un emprisonnement indispensable d'un an à cinq ans, auxquels il sera facultatif aux juges d'ajouter cumulativement ou séparément,	Loi du 25 juin 1824, art. 3, T. 98. Code pénal, art. 401, T. 84.
	Une amende de seize à cinq cents francs ;	
	L'interdiction de cinq à dix ans des droits mentionnés en l'art. 42 du Code pénal ;	*Id.*, 42, T. 16.
	Et la mise de cinq à dix ans sous la surveillance spéciale de la haute police de l'État,	
	Sans que l'art. 463 du Code pénal puisse jamais être appliqué ;	Loi du 25 juin 1824, art. 11, T. 114.
	Les vols et les tentatives de vols dans les auberges et les autres lieux indiqués au nᵒ 33 ci-dessus, lorsque ces vols auront été commis	Code pénal, art 386, P. 4, T. 54.
	pendant le jour, C. 331 ; par un seul individu, C. 327 ; et sans aucune des circonstances aggravantes énoncées au même article.	Loi du 25 juin 1824, art. 10, T. 112 ; 12, T. 116.
37. Vols commis dans les champs, les ventes, les	Seront soumis aux Cours d'assises et indispensablement punis de la peine de la ré-	Code pénal, art. 388, T. 58.

CONCORDANCE.	RENVOI soit au texte authentique, soit à la concordance même.

clusion le vols et les tentatives de vols,

1° de bêtes de charge, C. 119 ;
   Id. de monture, C. 121 ;
   Id. de somme, C. 123 ;
   Id. de voiture, C. 125 ;
   de chevaux, C. 127 ;
   de gerbes de grains, C. 129 ;
   de gros bestiaux, C. 131 ;
   d'instrumens aratoires, C. 133 ;
   d'instrumens d'agriculture, C. 135 ;
   de menus bestiaux, C. 137 ;
   de meules de grains, C. 237 ;
   de récoltes, C. 247 ;
} dans les champs.

2° De bois dans les ventes, C. 229 ;
3° De pierres dans les carrières, C. 239 ;
4° De poissons en étangs, réservoirs et viviers, C. 241, 243, 245 ;

Lorsqu'indépendamment des circonstances de localités particulières aux quatre espèces de vols ci-dessus, ces vols auront été commis pendant la nuit, C. 329 ; ou par plusieurs, C. 325; ou avec une des circonstances aggravantes énoncées aux nᵒˢ 53, 63, 73, 75, 81, 249, 251, 253, 293, 331, 333, 335, 337 ;

Ou, lorsqu'ayant eu lieu sans aucune des circonstances ci-dessus, ils auront été commis,

Soit par un individu antérieurement condamné à des peines afflictives ou infamantes, C. 293 ;

Soit par un individu antérieurement condamné à un emprisonnement de plus de six mois, C. 295 ;

Soit par un mendiant, C. 297 ;

Loi du 25 juin 1824, art. 10, T. 112.

Code pénal, art. 56, T. 18. Loi du 25 juin 1824, art. 12, T. 116.

carrières, les étangs, les réservoirs, les viviers, soumis aux cours d'assises, et non susceptibles de réduction de peine.

	CONCORDANCE.	RENVOI soit au texte authentique, soit à la concordance même.
	Soit par un vagabond, C. 321.	
39. Vols commis dans les champs, les ventes, les carrières, les étangs, réservoirs et viviers, soumis aux tribunaux de police correctionnelle, et non susceptibles de réduction de peine.	Seront jugés par les Tribunaux de police correctionnelle et punis des peines indiquées au n° 35, les vols et les tentatives de vols dans les champs, les ventes, les carrières, les étangs, réservoirs et viviers spécifiés au n° 37 ci-dessus, lorsque ces vols auront été commis de jour par une seule personne et sans aucune des circonstances aggravantes énoncées au même article.	Loi du 25 juin 1824, art. 2, T. 96; 10, T. 112; 11, T. 114; 12, T. 116. Code pénal, art. 42, T. 16; 388, T. 58; 401, T. 84.
41. Vols de productions de la terre non détachées du sol, soumis aux tribunaux de police correctionnelle, et susceptibles d'atténuations.	Seront jugés par les Tribunaux de police correctionnelle et punis des peines indiquées au n° 35, mais avec la faculté d'appliquer les dispositions de l'art. 463 du Code pénal, les vols et les tentatives de vols de récoltes et autres productions utiles de la terre, qui, avant d'avoir été soustraites, n'étaient pas encore détachées du sol, lorsque ces vols auront été commis, Soit avec des paniers ou des sacs; Soit à l'aide de voiture ou d'animaux de charge; Soit de nuit par plusieurs personnes, C. 329, 325.	Loi du 25 juin 1824, art. 13, T. 118. Code pénal, art. 401, T. 84; 463, T. 86.

<table>
<tr><td>

CONCORDANCE.
VOLS.

</td><td>

43. Extrait du re-
levé général des
circonstances
qui constituent
des soustrac-
tions fraudu-
leuses.

</td></tr>
</table>

A l'aide de bris de scellés extérieurs dans des lieux non servant à l'habitation (T. 14, Code pénal, art. 384, 253, 393, 394, 395, 391.) — * 45 (1).

A l'aide de bris de scellés extérieurs dans des lieux servant à l'habitation (T. 14, Code pénal, art. 384, 253, 393, 394, 395, 390.) — * 47.

A l'aide de bris de scellés intérieurs dans des lieux non servant à l'habitation (T. 14, Code pénal, art. 384, 253, 393, 394, 395, 391.) — * 49.

A l'aide de bris de scellés intérieurs dans des lieux servant à l'habitation (T. 14, Code pénal, art. 384, 253, 392, 393, 394, 396, 390.) — * 51.

A l'aide de déplacement de bornes (T. 14, Code pénal, art. 389, C. 37.) — * 53.

A l'aide d'effraction extérieure dans un lieu non servant à l'habitation (T. 14, Code pénal, art. 384, 393, 394, 395, 391, C. 19.) — * 55.

A l'aide d'effraction extérieure dans un lieu servant à l'habitation (T. 14, Code pénal, art. 384, 393, 394, 395, 390, C. 19.) — * 57.

A l'aide d'effraction intérieure dans un lieu non servant à l'habitation (T. 14, Code pénal, art. 384, 393, 394, 396, 391, C. 15, 19.) — * 59.

A l'aide d'effraction intérieure dans un lieu servant à l'habitation. (T. 14, Code pénal, articles 384, 393, 394, 396, 390, C. 19. — * 61.

A l'aide d'enlèvement de bornes (T. 14, Code pénal, article 389, C. 37.) — * 63.

A l'aide d'escalade pour entrer dans un lieu non servant à — * 65.

(1) Les numéros avec des astérisques indiquent des circonstances qui, par elles-mêmes, constituent des crimes de vols.

Les numéros sans astérisques indiquent des circonstances qui, par elles-mêmes, ne constituent que des délits de vols, mais qui, réunies à certaines autres circonstances, peuvent constituer des crimes de vols.

CONCORDANCE.

VOLS.

l'habitation (T. 14, Code pénal, art. 384, 397, 391, 392, C. 19.)

* 67. A l'aide d'escalade pour entrer dans un lieu servant à l'habitation (T. 14, Code pénal, art. 384, 397, 390, C. 19.)

* 69. A l'aide de fausses clefs dans un lieu non servant à l'habitation (T. 14, Code pénal, art. 384, 398, 391.)

* 71. A l'aide de fausses clefs dans un lieu servant à l'habitation (T. 14, Code pénal, art. 384, 398, 390.)

73. A l'aide de faux ordres de l'autorité civile (T. 14, Code pénal, art. 384, 381, n° 4, C. 15, 19, 23, 33, 37.)

75. A l'aide de faux ordres de l'autorité militaire, C. 15, 19, 23, 33, 37.

* 77. A l'aide de violences laissant des traces de blessures ou de contusions (T. 14, Code pénal, art. 382, C. 15.)

---

* 79. Avec armes apparentes ou cachées (T. 14, Code pénal, art. 386, n° 2, C. 15, 19, 27.)

* 81. Avec menaces de faire usage d'armes (T. 14, Code pénal, art. 385, C. 15, 19, 23, 33, 37.)

* 83. Avec violence (T. 14, Code pénal, art. 385, C. 15, 19.)

* 85. Avec violence sans blessures ni contusions (T. 14, Code pénal, art. 385, C. 15, 19.)

---

87. Dans des abris de gardien de bétail (T. 14, Code pénal, art. 401, 392, 390, C. 23.)

89. Dans des appartemens (T. 14, Code pénal, art. 401, 390, C. 23)

91. Dans des ateliers (T. 14, Code pénal, art. 401, 390, C. 23.)

93. Dans des auberges (T. 14, Code pénal, art. 401, 330, C. 23.)

95. Dans des auberges où l'on a été reçu; *voir* les n°s 101, 111, 171, 217 et 225 (T. 14, Code pénal, art. 386, P. 4, 401, C. 19, 23, 33.)

97. Dans des basses-cours (T. 14, Code pénal, art. 401, 390, C. 23.)

CONCORDANCE.

VOLS.

CONCORDANCE.

VOLS.

149. Dans des dépendances d'un lieu habité ou servant à l'habitation (T. 14, Code pénal, art. 401, 390, C. 23.)

151. Dans des écuries dépendantes d'un lieu servant à l'habitation (T. 14, Code pénal, art. 401, 390, C. 23.)

153. Dans des écuries isolées (T. 14, Code pénal, art. 401, 391.)

155. Dans des édifices non servant à l'habitation (T. 14, Code pénal, art. 401, 391.)

157. Dans des édifices servant à l'habitation (T. 14, Code pénal, art. 401, 390, C. 23.)

159. Dans des enclos dépendans d'un lieu servant à l'habitation (T. 14, Code pénal, art. 401, 391.)

161. Dans des enclos isolés (T. 14, Code pénal, art. 401, 391.)

163. Dans des étangs (T. 14, Code pénal, art. 401.)

165. Dans des granges dépendantes d'un lieu servant à l'habitation (T. 14, Code pénal, art. 401, 390, C. 23.

167. Dans des granges isolées (T. 14, Code pénal, art. 401, 391.)

169. Dans des hôtelleries (T. 14, Code pénal, art. 401, 390, C. 23.)

171. Dans des hôtelleries où l'on a été reçu (T. 14, Code pénal, art. 386, P. 4, 401, C. 19, 33.)

173. Dans des jardins dépendans d'un lieu servant à l'habitation (T. 14, Code pénal, art. 401, 390, C. 23.)

175. Dans des jardins isolés (T. 14, Code pénal, art. 401, 391.)

177. Dans des lieux clos non servant à l'habitation (T. 14, Code pénal, art. 401, 391, 392, C. 23.)

179. Dans des lieux habités (T. 14, Code pénal, art. 401, 390, C. 23.)

181. Dans des lieux habités ou servant à l'habitation. (T. 14, Code pénal, art. 401, 390; *voir* les n°s 87, 89, 91, 93, 97, 105, 107, 109, 115, 141, 149, 151, 157, 165, 169, 175, 177, 183, 185, 187, 189, 193, 201, 207, 209, 215, C. 23, 27.)

183. Dans des lieux servant à l'habitation (T. 14, Code pénal, art. 401, 390 C. 23.)

CONCORDANCE.

VOLS.

CONCORDANCE.

VOLS.

223.   Dans des voitures (T. 14, Code pénal, art. 401.)

225.   Dans des voitures où l'on a été reçu (T. 14, Code. pénal, art. 386, P. 4, 401 , C. 19, 33.)

---

* 227.   De ballots, cordes, dans des appartemens, bassses-cours, cours, dépendances d'enclos, enclos, logemens, maisons (T. 14, Code pénal, art. 384, 393, 394, 396, 390, 391, C. 19.)

229.   De bois dans les ventes (T. 14, Code pénal, art. 388, 401, C. 37.)

* 231.   De boîtes fermées dans des appartemens, basses - cours, cours, dépendances d'enclos, enclos, logemens, maisons (T. 14, Code pénal, art. 384, 393, 394, 396, 390, 391, C. 19.)

* 233.   De caisses fermées dans des appartemens, basses - cours, cours, dépendances d'enclos, enclos, logemens, maisons, (T. 14, Code pénal, art. 384, 393, 394, 396, C. 19.)

* 235.   De meubles fermés dans des appartemens, basses-cours, cours, dépendances d'enclos, enclos, logemens, maisons, (T. 14, Code pénal, art. 384, 393, 394, 396, 390, 391, C. 19.)

237.   De meules de grains (T. 14, Code pénal, art. 388, 401, C. 37.)

239.   De pierres dans des carrières (T. 14, Code pénal, art. 388, 401, C. 19, 37.)

241.   De poissons dans des étangs (T. 14, Code pénal, art. 388, 401, C. 19, 37.)

243   De poissons dans des réservoirs (T. 14, Code pénal, articles 388, 401, C. 19, 37.)

245.   De poissons dans des viviers (T. 14, Code pénal, art. 388, 401, C. 19, 37.)

247.   De récoltes (T. 14, Code pénal, art. 388, 401, C. 37.)

---

249.   En prenant le titre d'un fonctionnaire public (T. 14, Code pénal, art. 384, 381, P. 4, C. 15, 19, 23, 33, 37.)

CONCORDANCE.
VOLS.

En prenant le titre d'un officier civil (T. 14, Code pénal, art. 384, 381, P. 4, C. 15, 19, 23, 33, 37.) — 251.

En prenant le titre d'un officier militaire (T. 14, Code pénal, art. 384, 381, P. 4, C. 15, 19, 23, 33, 37.) — 253.

Envers celui que l'on sert (T. 14, Code pénal, art. 386, P. 3, C. 15, 19, 23, 29.) — * 255.

Envers son maître (T. 14, Code pénal, art. 386, P. 3, C. 15, 19, 23, 29.) — * 257.

Par des apprentis dans l'atelier de leur maître (T. 14, Code pénal, art. 386, P. 3, C. 19, 29.) — * 259.

Par des apprentis dans la maison de leur maître (T. 14, Code pénal, art. 386, P. 3, C. 19, 29.) — * 261.

Par des apprentis dans le magasin de leur maître (T. 14, Code pénal, art. 386, P. 3, C. 19, 29.) — * 263.

Par des apprentis envers leur maître (T. 14, Code pénal, art. 386, P. 3 (*voir* les nos 259, 263, 261, C. 15, 19, 23.) — * 265.

Par des aubergistes dans leur auberge (T. 14, Code pénal, art. 386, P. 4 (*voir* les nos 271, 291, 319, 307, 311, 313, 315, C. 19, 31.) — * 267.

Par des bateliers, d'objets à eux confiés (T. 14, Code pénal, art. 386, P. 4 (*voir* les nos 323, 309, 317, C. 19, 31.) — * 269.

Par des cafetiers dans leur café (T. 14, Code pénal, article 386, P. 4, C. 19, 31.) — * 271.

Par des compagnons dans l'atelier de leur maître (T. 14, Code pénal, art. 386, P. 3, 19, 29.) — * 273.

Par des compagnons dans la maison de leur maître (T. 14, Code pénal, art. 386, P. 3, C. 19, 29.) — * 275.

Par des compagnons dans le magasin de leur maître (T. 14, Code pénal, art. 386, P. 3, C. 19, 29.) — * 277.

Par des compagnons envers leur maître (T. 14, Code pénal, art. 386, P. 3 (*voir* les nos 273, 277, 275, C. 15, 19, 29.) — * 279.

CONCORDANCE.

VOLS.

* 281 Par des domestiques dans la maison de leur maître (T. 14 , Code pénal, art. 386 , P. 3 , C. 19 , 29.)

* 283. Par des domestiques dans la maison où ils accompagnent leur maître (T. 14, Code pénal, art. 386, P. 3, C. 19, 29.)

* 285. Par des compagnons envers leur maître (T. 14 , Code pénal, art. 386 , P. 3 (*voir* les nᵒˢ 281 , 283, 257, 191, 255 , 197, 195, C. 15, 19, 29.)

* 287. Par des hommes de service à gages dans la maison où ils servent (T. 14, Code pénal, art. 386, P. 3 , C. 19 , 29.)

* 289. Par des hommes de service à gages envers celui qu'ils servent (T. 14, Code pénal, art. 386, P. 3. C. 15, 19, 29.)

* 291. Par des hôteliers dans leur hôtellerie (T. 14 , Code pénal, art. 386 , P. 4, C. 19 , 31.)

293. Par des individus antérieurement condamnés à des peines afflictives ou infamantes (T. 14 , Code pénal, art. 56, T. 92 ; loi du 25 juin 1824 , art. 12, C. 15, 19, 23, 33, 37.)

295. Par des individus antérieurement condamnés à un emprisonnement de plus de six mois (T. 92 , loi du 25 juin 1824, art. 12, C. 15, 19, 23, 33, 37.)

297. Par des mendians (T. 92 , loi du 25 juin 1824 , art. 12 , C. 15, 19, 23 , 33, 37.)

* 299. Par des ouvriers dans l'atelier de leur maître (T. 14 , Code pénal , art. 386, P. 3, C. 19, 29.)

* 301. Par des ouvriers dans la maison de leur maître (T. 14 , Code pénal , art. 386, P. 3, C. 19, 29.)

* 303. Par des ouvriers dans le magasin de leur maître (T. 14 , Code pénal, art. 386, P. 3, C. 19, 29.)

* 305. Par des ouvriers envers leur maître (T. 14 , Code pénal, art. 386, P. 3 (*voir* les nᵒˢ 299, 303, 301, C. 15, 19, 29.)

307. Par des préposés de l'aubergiste dans l'auberge (T. 14 , Code pénal, art. 386, P. 4, C. 31.)

* 309. Par des préposés de batelier, d'objets confiés à ce dernier (T. 14, Code pénal, art. 386, P. 4, C. 19, 31.)

CONCORDANCE.
VOLS.

Par des préposés de cafetier dans le café (T. 14, Code pénal, art. 386, P. 4, C. 19, 31.) — * 311.

Par des préposés d'un hôtelier dans l'hôtellerie (T. 14, Code pénal, art. 386, P. 4, C. 19, 31.) — * 313.

Par des préposés du restaurateur dans le restaurant (T. 14, Code pénal, art. 386, P. 4, C. 19, 31.) — * 315.

Par des préposés du voiturier, d'objets confiés à ce dernier, (T. 14, Code pénal, art. 386, P. 4, C. 15, 19, 31.) — * 317.

Par des restaurateurs dans leur restaurant (T. 14, Code pénal, art. 386, P. 4, C. 19, 31.) — * 319.

Par des vagabonds (T. 92, loi du 25 juin 1824, art. 12, C. 15, 19, 23, 33, 37.) — 321.

Par des voituriers, d'objets à eux confiés (T. 14, Code pénal, art. 386, P. 4, C. 15, 19, 31.) — * 323.

Par plusieurs (T. 14, Code pénal, art. 401, C. 15, 19, 23, 27, 33, 37, 41.) — 325.

Par un seul (T. 14, Code pénal, art. 401, C. 17, 21, 25, 27, 35, 39.) — 327.

Pendant la nuit (T. 14, Code pénal, art. 401, C. 15, 19, 23, 33, 37, 41.) — 329.

Pendant le jour (T. 14, Code pénal, art. 401, C. 17, 21, 25, 27, 35, 37, 39.) — 331.

Sous le costume d'un fonctionnaire public (T. 14, Code pénal, art. 384, 381, P. 4, C. 15, 19, 23, 33, 37.) — 333.

Sous le costume d'un officier public (T. 14, Code pénal, art. 384, 381, P. 4, C. 15, 19, 23, 33, 37.) — 335.

Sous l'uniforme d'un officier (T. 14, Code pénal, art. 384, 381, P. 4, C. 15, 19, 23, 33, 37.) — 337.

TEXTE AUTHENTIQUE

DES ARTICLES, DES CODES ET DES LOIS,

LESQUELS SONT CITÉS DANS LA CONCORDANCE.

TEXTE.	RENVOI soit à la concordance, soit au texte lui-même.	
Extrait du Code d'instruction criminelle, n° 112 bis de la 7ᵉ série du Bulletin des Lois.		N° 2.
179. Les tribunaux de première instance en matière civile connaîtront en outre, sous le titre de tribunaux correctionnels, de tous les délits forestiers poursuivis à la requête de l'administration, et de tous les délits dont la peine excède cinq jours d'emprisonnement et quinze francs d'amende.	C. I.	4. Compétence des tribunaux de première instance en matière correctionnelle.
199. Les jugemens rendus en matière correctionnelle pourront être attaqués par la voie de l'appel.	C. I.	6. Appels en matière correctionnelle.
200. Les appels des jugemens rendus en police corectionnelle seront portés des tribunaux d'arrondissement au tribunal du chef-lieu du département. Les appels des jugemens rendus en police correctionnelle au chef-lieu du département, seront portés au tribunal du chef-lieu du département voisin, quand il sera dans le ressort de la même Cour royale, sans néanmoins que les tribunaux puissent, dans aucun cas, être respectivement juges d'appels de leurs jugemens. Il sera formé un tableau des tribunaux de chef-lieu auxquels les appels seront portés.	C. I.	8. Tribunaux d'appels en matière correctionnelle.
201. Dans le département où siége la Cour	C. I.	10. Appels en

TEXTE.	RENVOI soit à la concordance, soit au texte lui-même.

matière correctionnelle, portés devant les cours royales.

royale, les appels des jugemens rendus en police correctionnelle seront portés à ladite Cour.

Seront également portés à ladite Cour les appels des jugemens rendus en police correctionnelle dans le chef-lieu d'un département voisin, lorsque la distance de cette Cour ne sera pas plus forte que celle du chef-lieu d'un autre département.

12. Appels recevables en matière correctionnelle.

202. La faculté d'appeler appartiendra,

1° Aux parties prévenues ou responsables;

2° A la partie civile, quant à ses intérêts civils seulement;

3° A l'administration forestière;

4° Au procureur du Roi près le tribunal de première instance, lequel, dans le cas où il n'appellerait pas, sera tenu, dans le délai de quinzaine, d'adresser un extrait du jugement au magistrat du ministère public près le tribunal ou la Cour qui doit connaître de l'appel;

5° Au ministère public près le tribunal ou la Cour qui doit prononcer sur l'appel.

C. 1.

14.

Extrait du Code pénal, n° 113 bis de la 7ᵉ série du Bulletin des Lois.

16. Interdiction facultative de certains droits civils et politiques.

42. Les tribunaux, jugeant correctionnellement, pourront, dans certains cas, interdire en tout ou en partie, l'exercice des droits civiques, civils et de famille suivans :

1° De vote et d'élection;

2° D'éligibilité ;

3° D'être appelé ou nommé aux fonctions

C. 13-35-39.

TEXTE.	RENVOI soit à la concordance, soit au texte lui-même.

de juré ou autres fonctions publiques, ou aux emplois de l'administration, ou d'exercer ces fonctions ou emplois;

4° De port d'armes;

5° De vote et de suffrage dans les délibérations de famille;

6° D'être tuteur, curateur, si ce n'est de ses enfans et sur l'avis seulement de la famille;

7° D'être expert ou employé comme témoin dans les actes;

8° De témoignage en justice, autrement que pour y faire de simples déclarations.

56. Quiconque, ayant été condamné pour crime, aura commis un second crime emportant la dégradation civique, sera condamné à la peine du carcan;

Si le second crime emporte la peine du carcan ou le bannissement, il sera condamné à la peine de la réclusion;

Si le second crime entraîne la peine de la réclusion, il sera condamné à la peine des travaux forcés à temps, et à la marque;

Si le second crime entraîne la peine des travaux forcés à temps ou la déportation, il sera condamné à la peine des travaux forcés à perpétuité;

Si le second crime entraîne la peine des travaux forcés à perpétuité, il sera condamné à la peine de mort.

C. 11-15-19-23-33-37.

18. Récidive en matière criminelle.

66. Lorsque l'accusé aura moins de seize ans, s'il est décidé qu'il a agi *sans discernement*, il sera acquitté; mais il sera, selon les circonstances, remis à ses parens, ou conduit dans une maison de correction pour y être

C. 1-3.

20. Acquittement des individus âgés de moins de 16 ans, coupables sans discernement.

	TEXTE.	RENVOI soit à la concordance, soit au texte lui-même.
	élevé et détenu pendant tel nombre d'années que le jugement déterminera, et qui toutefois ne pourra excéder l'époque où il aura accompli sa vingtième année.	
22. Conversion des peines criminelles en peines correctionnelles, en faveur des individus âgés de moins de 16 ans, coupables avec discernement.	67. S'il est décidé qu'il a agi *avec discernement*, les peines seront prononcées ainsi qu'il suit : S'il a encouru la peine de mort, des travaux forcés à perpétuité, ou de la déportation, il sera condamné à la peine de dix à vingt ans d'emprisonnement dans une maison de correction; S'il a encouru la peine des travaux forcés à temps, ou de la réclusion, il sera condamné à être renfermé dans une maison de correction pour un temps égal au tiers au moins, et à la moitié au plus, de celui auquel il aurait pu être condamné à l'une de ces peines. Dans tous ces cas, il pourra être mis, par l'arrêt ou le jugement, sous la surveillance de la haute police pendant cinq ans au moins et dix ans au plus. S'il a encouru la peine du carcan ou du bannissement, il sera condamné à être enfermé, d'un an à cinq ans, dans une maison de correction.	C. 1-5.
24. Exemption des peines infamantes, en faveur des individus âgés de moins de 16 ans.	68. Dans aucun des cas prévus par l'article précédent, le condamné ne subira l'exposition publique.	C. 1.
26. Meurtre.	295. L'homicide commis volontairement est qualifié meurtre.	C. 7-9.
28. Infanticide.	300. Est qualifié infanticide le meurtre d'un enfant nouveau-né.	C. 7-9.

TEXTE.	RENVOI soit à la concordance, soit au texte lui-même.	
302. Tout coupable d'assassinat , de parricide, d'infanticide et d'empoisonnement, sera puni de mort, sans préjudice de la disposition particulière contenue en l'article 13 , relativement au parricide.	C. 7-9.	30. Assassinats.
309. Sera puni de la peine de la réclusion , tout individu qui aura fait des blessures ou porté des coups, s'il est résulté de ces actes de violence une maladie ou incapacité de travail personnel pendant plus de vingt jours.	C. 11.	32. Blessures et coups volontaires graves.
310. Si le crime mentionné au précédent article a été commis avec préméditation ou guet-apens, la peine sera celle des travaux forcés à temps.	C. 11.	34. *Id.*, avec préméditation ou de guet-apens.
311. Lorsque les blessures ou les coups n'auront occasioné aucune maladie ni incapacité de travail personnel de l'espèce mentionnée en l'art. 309, le coupable sera puni d'un emprisonnement d'un mois à deux ans, et d'une amende de seize francs à deux cents francs. S'il y a eu préméditation ou guet-apens , l'emprisonnement sera de deux ans à cinq ans, et l'amende de cinquante francs à cinq cents francs.		36. *Id.* légères.
312. Dans les cas prévus par les articles 309, 310 et 311 , si le coupable a commis le crime envers ses père ou mère légitimes, naturels ou adoptifs, ou autres ascendans légitimes , il sera puni ainsi qu'il suit : Si l'article auquel le cas se référera prononce l'emprisonnement et l'amende , le coupable subira la peine de la réclusion ; Si l'article prononce la peine de la réclu-	C. 11.	38. *Id.* envers des ascendans.

TEXTE.	RENVOI soit à la concordance, soit au texte lui-même.

sion, il subira celle des travaux forcés à temps ;

Si l'article prononce la peine des travaux forcés à temps, il subira celle des travaux forcés à perpétuité.

40. Définition du vol.

379. Quiconque a soustrait frauduleusement une chose qui ne lui appartient pas, est coupable de vol.

42. Vols non punissables.

380. Les soustractions commises par des maris au préjudice de leurs femmes , par des femmes au préjudice de leurs maris, par un veuf ou une veuve quant aux choses qui avaient appartenu à l'époux décédé, par des enfans ou autres descendans au préjudice de leurs pères ou mères ou autres ascendans, par des pères et mères ou autres ascendans au préjudice de leurs enfans ou autres descendans, ou par des alliés aux mêmes degrés, ne pourront donner lieu qu'à des réparations civiles.

A l'égard de tous autres individus qui auraient recélé ou appliqué à leur profit tout ou partie des objets volés, ils seront punis comme coupables de vol.

44. Vols emportant la peine de mort.

381. Seront punis de la peine de mort, les individus coupables de vols commis avec la réunion des cinq circonstances suivantes :

1° Si le vol a été commis la nuit ;

2° S'il a été commis par deux ou plusieurs personnes ;

3° Si les coupables ou l'un d'eux étaient porteurs d'armes apparentes ou cachées ;

4° S'ils ont commis le crime, soit à l'aide d'effraction extérieure ou d'escalade ou de

TEXTE.	RENVOI soit à la concordance, soit au texte lui-même.

fausses clefs, dans une maison, appartement, chambre ou logement habités ou servant à l'habitation, ou leurs dépendances, soit en prenant le titre d'un fonctionnaire public ou d'un officier civil ou militaire, ou après s'être revêtus de l'uniforme ou du costume du fonctionnaire ou de l'officier, ou en alléguant un faux ordre de l'autorité civile ou militaire ;

5° S'ils ont commis le crime avec violence ou menace de faire usage de leurs armes.

382. Sera puni de la peine des travaux forcés à perpétuité, tout individu coupable de vol commis a l'aide de violence, et, de plus, avec deux des quatre premières circonstances prévues par le précédent article.

Si même la violence à l'aide de laquelle le vol a été commis à laissé des traces de blessures ou de contusions, cette circonstance seule suffira pour que la peine des travaux forcés à perpétuité soit prononcée.

383. Les vols commis dans les chemins publics emporteront également la peine des travaux forcés à perpétuité.   *C. 15-17.*

384. Sera puni de la peine des travaux forcés à temps, tout individu coupable de vol commis à l'aide d'un des moyens énoncés dans le n° 4 de l'article 381, même quoique l'effraction, l'escalade et l'usage des fausses clefs aient eu lieu dans des édifices, parcs ou enclos non servant à l'habitation et non dépendans des maisons habitées, et lors même que l'effraction n'aurait été qu'intérieure.   *C. 19-21.*

385. Sera également puni de la peine des travaux forcés à temps, tout individu cou-

---

Renvois au texte lui-même :

46. Vols emportant la peine des travaux forcés à perpétuité.

48. Vols dans les chemins publics.

50. Vols à l'aide d'effraction, d'escalade ou de fausses clefs.

52. Vols avec violence.

TEXTE.	RENVOI soit à la concordance, soit au texte lui-même.

pable de vol commis, soit avec violence, lorsqu'elle n'aura laissé aucune trace de blessure ou de contusion, et qu'elle ne sera accompagnée d'aucune autre circonstance, soit sans violence, mais avec la réunion des trois circonstances suivantes :

1° Si le vol a été commis la nuit ;

2° S'il a été commis par deux ou plusieurs personnes ;

3° Si le coupable, ou l'un des coupables, était porteur d'armes apparentes ou cachées.

386. Sera puni de la peine de la réclusion, tout individu coupable de vol commis dans l'un des cas ci-après :

Vols de nuit par plusieurs, dans des lieux habités.

1° Si le vol a été commis la nuit, et par deux ou plusieurs personnes, ou s'il a été commis avec une de ces deux circonstances seulement, mais en même temps dans un lieu habité ou servant à l'habitation ; — C. 23-25.

Vols avec armes apparentes ou cachées.

2° Si le coupable, ou l'un des coupables, était porteur d'armes apparentes ou cachées, même quoique le lieu où le vol a été commis ne fût ni habité ni servant à l'habitation, et encore quoique le vol ait été commis le jour et par une seule personne ; — C. 27.

Vols domestiques.

3° Si le voleur est un domestique ou un homme de service à gages, même lorsqu'il aura commis le vol envers des personnes qu'il ne servait pas, mais qui se trouvaient soit dans la maison de son maître, soit dans celle où il l'accompagnait ; ou si c'est un ouvrier, compagnon ou apprenti, dans la maison, l'atelier ou magasin de son maître, ou — C. 29.

54.

TEXTE.	RENVOI soit à la concordance, soit au texte lui-même.	

un individu travaillant habituellement dans l'habitation où il aura volé;

4° Si le vol a été commis par un aubergiste, un hôtelier, un voiturier, un batelier ou un de leurs préposés, lorsqu'ils auront volé tout ou partie des choses qui leur étaient confiées à ce titre; ou enfin, si le coupable à commis le vol dans l'auberge ou l'hôtellerie dans laquelle il était reçu.   *C. 31-33-35.*   Vols par des aubergistes, des hôteliers, des bateliers, des voituriers, et leurs préposés, et dans leurs établissemens, par tous autres individus.

387. Les voituriers, bateliers ou leurs préposés, qui auront altéré des vins ou toute autre espèce de liquides ou de marchandises dont le transport leur avait été confié, et qui auront commis cette altération par le mélange de substances malfaisantes, seront punis de la peine portée au précédent article.   56. Altération de liquides.

S'il n'y a pas eu mélange de substances malfaisantes, la peine sera un emprisonnement d'un mois à un an, et une amende de seize francs à cent francs.

388. Quiconque aura volé, dans les champs, des chevaux, ou bêtes de charge, de voiture ou de monture, gros et menus bestiaux, des instrumens d'agriculture, des récoltes ou meules de grains faisant partie des récoltes, sera puni de la réclusion.   *C. 37-39.*   58. Vols d'animaux dans les champs, de bois dans les ventes, de pierres dans les carrières, de poissons en étangs, réservoirs, viviers.

Il en sera de même à l'égard des vols de bois dans les ventes, et de pierres dans les carrières, ainsi qu'à l'égard du vol de poisson en étang, vivier ou réservoir.

389. La même peine aura lieu, si, pour commettre un vol, il y a eu enlèvement ou déplacement de bornes servant de séparation aux propriétés.   60. Vols avec enlèvement ou déplacement de bornes.

TEXTE.	RENVOI soit à la concordance, soit au texte lui-même.
62. Lieux habités, ou servant à l'habitation. 390. Est réputée *maison habitée*, tout bâtiment, logement, loge, cabane, même mobile, qui, sans être actuellement habité, est destiné à l'habitation, et tout ce qui en dépend, comme cours, basses-cours, granges, écuries, édifices qui y sont enfermés, quel qu'en soit l'usage, et quand même ils auraient une clôture particulière dans la clôture ou enceinte générale.	
64. Parcs et enclos. 391. Est réputé *parc* ou *enclos*, tout terrain environné de fossés, de pieux, de claies, de planches, de haies vives ou sèches, ou de murs, de quelque espèce de matériaux que ce soit, quelles que soient la hauteur, la profondeur, la vétusté, la dégradation de ces diverses clôtures, quand il n'y aurait pas de porte fermant à clef ou autrement, ou quand la porte serait à claire-voie et ouverte habituellement.	
66. id. 392. Les parcs mobiles destinés à contenir du bétail dans la campagne, de quelque matière qu'ils soient faits, sont aussi réputés enclos ; et lorsqu'ils tiennent aux cabanes mobiles ou autres abris destinés aux gardiens, ils sont réputés dépendans de maison habitée.	
68. Effractions. 393. Est qualifié *effraction*, tout forcement, rupture, dégradation, démolition, enlèvement de murs, toits, planchers, portes, fenêtres, serrures, cadenas, ou autres ustensiles ou instrumens servant à fermer ou à empêcher le passage, et de toute espèce de clôture, quelle qu'elle soit.	
70. id. 394. Les effractions sont extérieures ou intérieures.	

TEXTE.	RENVOI soit à la concordance, soit au texte lui-même.
395. Les effractions extérieures sont celles à l'aide desquelles on peut s'introduire dans les maisons, cours, basses-cours, enclos ou dépendances, ou dans les appartemens ou logemens particuliers.	72. Effractions extérieures.
396. Les effractions intérieures sont celles qui, après l'introduction dans les lieux mentionnés en l'article précédent, sont faites aux portes ou clôtures du dedans, ainsi qu'aux armoires ou autres meubles fermés. Est compris dans la classe des effractions intérieures le simple enlèvement des caisses, boites, ballots sous toile et corde, et autres meubles fermés, qui contiennent des effets quelconques, bien que l'effraction n'ait pas été faite sur le lieu.	74. id. intérieures.
397. Est qualifiée *escalade*, toute entrée dans les maisons, bâtimens, cours, basses-cours, édifices quelconques, jardins, parcs et enclos, exécutée par-dessus les murs, portes, toitures ou toute autre clôture. L'entrée par une ouverture souterraine, autre que celle qui a été établie pour servir d'entrée, est une circonstance de même gravité que l'escalade.	76. Escalades.
398. Sont qualifiés *fausses clefs*, tous crochets, rossignols, passe-partout, clefs imitées, contrefaites, altérées, ou qui n'ont pas été destinées par le propriétaire, locataire, aubergiste ou logeur, aux serrures, cadenas, ou aux fermetures quelconques auxquelles le coupable les aura employées.	78. Fausses clefs.
399. Quiconque aura contrefait ou altéré des clefs, sera condamné à un emprisonne-	80. Contrefaçon, altération de clefs.

TEXTE.	RENVOI soit à la concordance, soit au texte lui-même.

ment de trois mois à deux ans, et à une amende de vingt-cinq francs à cent cinquante francs.

Si le coupable est un serrurier de profession, il sera puni de la réclusion.

Le tout sans préjudice de plus fortes peines, s'il y échet, en cas de complicité de crime.

82. Extorsion. 400. Quiconque aura extorqué par force, violence ou contrainte, la signature ou la remise d'un écrit, d'un acte, d'un titre, d'une pièce quelconque contenant ou opérant obligation, disposition ou décharge, sera puni de la peine des travaux forcés à temps.

84. Vols simples. 401. Les autres vols non spécifiés dans la présente section, les larcins et filouteries, ainsi que les tentatives de ces mêmes délits, seront punis d'un emprisonnement d'un an au moins et de cinq ans au plus, et pourront même l'être d'une amende qui sera de seize francs au moins et de cinq cents francs au plus. — C. 13-21-25-35-39.

Les coupables pourront encore être interdits des droits mentionnés en l'article 42 du présent Code, pendant cinq ans au moins et dix ans au plus, à compter du jour où ils auront subi leur peine.

Ils pourront aussi être mis, par l'arrêt ou le jugement, sous la surveillance de la haute police pendant le même nombre d'années.

86. Atténuation de peines. 463. Dans tous les cas où la peine d'emprisonnement est portée par le présent Code, si le préjudice n'excède pas vingt-cinq francs, et si les circonstances paraissent atténuantes, les tribunaux sont autorisés à réduire l'emprisonnement, même au-dessous de six jours, — C. 5-13-21-25-35-39-41. T. 114.

TEXTE.	RENVOI soit à la concordance, soit au texte lui-même.	
et l'amende, même au-dessous de seize francs. Ils pourront aussi prononcer séparément l'une ou l'autre de ces peines, sans qu'en aucun cas elle puisse être au-dessous des peines de simple police.		
Loi du 24 mai 1821, portant modification de l'article 351 du Code d'instruction criminelle, n° 451 de la 7ᵉ série du Bulletin des Lois.		88.
Article unique. A l'avenir, et lorsque, dans le cas prévu par l'article 351 du Code d'instruction criminelle, les juges seront appelés à délibérer entre eux sur une déclaration du jury formée à la simple majorité, l'avis favorable à l'accusé prévaudra, toutes les fois qu'il aura été adopté par la majorité des juges.	Avant-Propos, p. 4.	90. Modification de l'article 351, ci-après, du Code d'instruction criminelle.
Art. 351 du Code d'instruction criminelle.		
Si néanmoins l'accusé n'est déclaré coupable du fait principal qu'à une simple majorité, les juges délibéreront entre eux sur le même point, et si l'avis de la minorité des jurés est adopté par la majorité des juges, de telle sorte qu'en réunissant le nombre des voix, ce nombre excède celui de la majorité des jurés et de la minorité des juges, l'avis favorable à l'accusé prévaudra.		

TEXTE.	RENVOI soit à la concordance, soit au texte lui-même.

92.	*Loi du 25 juin 1824, contenant diverses modifications au Code pénal, n° 676 de la 7ᵉ série du Bulletin des Lois.*	
94. Modification de l'article 179 du Code d'instruction criminelle.	Art. 1ᵉʳ Les individus âgés de moins de seize ans, qui n'auront pas de complices au-dessus de cet âge, et qui seront prévenus de crimes autres que ceux auxquels la loi attache la peine de mort, celle des travaux forcés à perpétuité, ou celle de la déportation, seront jugés par les tribunaux correctionnels, qui se conformeront aux articles 66, 67 et 68 du Code pénal.	C. 1 T. 4-6-8-10-12.
96. id. de l'article 388 du Code pénal.	2. Les vols et tentatives de vols spécifiés dans l'article 388 du Code pénal seront jugés correctionnellement, et punis des peines déterminées par l'article 401 du même Code.	C. 39. T. 58.
98. id. de l'article 386, parag. 4.	3. Seront jugés dans les mêmes formes, et punis des mêmes peines, les vols ou tentatives de vols commis dans l'auberge ou l'hôtellerie dans laquelle le coupable était reçu. Le vol commis par un aubergiste, un hôtelier, un batelier, un voiturier, ou un de leurs préposés, quand ils auront volé tout ou partie des choses qui leur étaient confiées à ce titre, continuera d'être puni conformément à l'article 386 du Code pénal.	C. 35. T. 54.
100. Additions à l'article 463 du Code pénal.	4. Les cours d'assises, lorsqu'elles auront reconnu qu'il existe des circonstances atténuantes, et sous la condition de le déclarer expressément, pourront, dans les cas et de la manière déterminés par les articles 5 et suivans, jusques et y compris l'article 12, réduire les peines prononcées par le Code pénal.	C. 7-9-13-17-21-25. T. 86.

TEXTE.	RENVOI soit à la concordance, soit au texte lui-même.	
5. La peine prononcée par l'article 302 du Code pénal contre la mère coupable d'infanticide, pourra être réduite à celle des travaux forcés à perpétuité. Cette réduction de peine n'aura lieu à l'égard d'aucun individu autre que la mère.	C. 7-9. T. 26-28-30.	102. Additions aux art. 295, 300 et 302 du Code pénal.
6. La peine prononcée par l'article 309 du Code pénal contre tout individu coupable d'avoir volontairement fait des blessures ou porté des coups dont il est résulté une incapacité de travail de plus de vingt jours, pourra être réduite aux peines déterminées par l'article 401 du même Code, sans que l'emprisonnement puisse être au-dessous de trois années. La peine ne pourra être réduite dans les cas prévus par les articles 310 et 312 du même Code.	C. 11-13. T. 32-34-38.	104. id. à l'art. 309.
7. La peine prononcée par l'article 383 du Code pénal contre les coupables de vols ou de tentatives de vols sur un chemin public, quand ces vols auront été commis sans menaces, sans armes apparentes ou cachées, sans violence et sans aucune des autres circonstances aggravantes prévues par l'article 381 du Code pénal, pourra être réduite, soit à celle des travaux forcés à temps, soit à celle de la réclusion.	C. 17. T. 48.	106. id. à l'art. 383.
8. La peine prononcée par l'article 384 du Code pénal contre les coupables de vol ou de tentative de vol commis à l'aide d'effraction ou d'escalade, pourra être réduite, soit à celle de la réclusion, soit au *maximum* des peines	C. 21 T. 50.	108. Addition à l'article 384 du Code Pénal.

TEXTE.	RENVOI soit à la concordance, soit au texte lui-même.

correctionnelles déterminées par l'article 401 du même Code.

110. id. à l'art. 386 par. 1er.

9. La peine prononcée par l'article 386 du Code pénal contre les individus déclarés coupables des vols prévus par le n° 1er de cet article, pourra être réduite au *maximum* des peines correctionnelles déterminées par l'article 401 du même Code. — C. 25. T. 54.

112. Dispositions exceptionnelles.

10. Les articles 2, 3 et 8 de la présente loi ne s'appliquent pas aux vols commis la nuit, ni aux vols commis par deux ou plusieurs personnes. — C. 13-15-17-19 21-23-25-33-35-37-39.

Les dispositions de ces articles, ainsi que celles de l'article 9, seront également inapplicables aux vols qui, indépendamment des circonstances spécifiées dans chacun desdits articles, auront été accompagnés d'une ou de plusieurs des autres circonstances aggravantes prévues par les articles 381 et suivans du Code pénal.

Les vols dont il vient d'être fait mention continueront à être punis conformément au Code pénal.

114. id.

11. Les peines correctionnelles qui seront prononcées d'après les articles précédens, ne pourront, dans aucun cas, être réduites en vertu de l'article 463 du Code pénal. — C. 5-13-21-25-35-39. T. 86.

116. id.

12. Les dispositions ci-dessus, autres toutefois que celles de l'article 5, ne s'appliquent ni aux mendians, ni aux vagabonds, ni aux individus qui, antérieurement au fait pour lequel ils sont poursuivis, auront été condamnés, soit à des peines afflictives ou in- — C. 9-11-13-15-17-19-21-23-25 33-35 37-39.

TEXTE.	RENVOI soit à la concordance, soit au texte lui-même.	
famantes, soit à un emprisonnement correctionnel de plus de six mois.		
13. Lorsque les vols et tentatives de vol de récoltes et autres productions utiles de la terre, qui, avant d'avoir été soustraites, n'étaient pas encore détachées du sol, auront été commis, soit avec des paniers ou des sacs, soit à l'aide de voitures ou d'animaux de charge, soit de nuit par plusieurs personnes, les individus qui en auront été déclarés coupables seront punis conformément à l'art. 401 du Code pénal.	C. 41. T. 86.	118. Vols de productions de la terre, non encore détachées du sol.